AF253715

PROCÈS

DE

M. BERTIN AÎNÉ.

PROCÈS

DE

M. BERTIN AÎNÉ,

RÉDACTEUR-EN CHEF ET GÉRANT RESPONSABLE

DU JOURNAL DES DÉBATS,

ACCUSÉ

D'OFFENSE A LA PERSONNE DU ROI, ET D'ATTAQUE CONTRE LA DIGNITÉ ROYALE.

CONTENANT

Le Rapport de M. le Conseiller Dehérain ; le Plaidoyer et la Réplique de M. Dupin aîné ; le Réquisitoire de M. Bérard-d'Esglajeux ; le Discours de M. Bertin aîné ; et l'Arrêt de la Cour royale (première chambre civile, et chambre correctionnelle), présidence de M. le premier président Séguier. Audience du 24 décembre 1829.

PARIS.

LE NORMANT FILS, IMPRIMEUR DU ROI, RUE DE SEINE, N° 8.

1829.

Dans les circonstances présentes, l'arrêt de la Cour royale
est plus qu'une justice rendue aux opinions du *Journal des
Débats*; c'est un bienfait pour la France constitutionnelle,
qui avait tant besoin d'être rassurée par ses magistrats. De
toutes parts la presse était persécutée; il n'était pas de tribunal en France qui n'eût un coupable à punir; d'autre part,
les feuilles hostiles à la Charte se livraient, sans pudeur et
sans frein, à toute la frénésie de leur incognito : tous les
regards des amis de la royauté et de la paix publique se sont
alors portés vers cette Cour suprême, qui a rendu tant de
services en ne rendant que des arrêts. La liberté était deux
fois compromise : la liberté religieuse dans l'affaire du *Cour-
rier Français*, la liberté civile dans l'affaire du *Journal des
Débats*; deux fois la Cour royale est venue rassurer la France,
deux fois elle a raffermi les principes ébranlés, deux fois
son calme et impartial courage a fait rentrer dans le néant
ces pernicieuses doctrines, que la presse, à défaut de la
tribune muette, s'était chargée de démentir.

C'est que nos magistrats savent depuis long-temps qu'avec
la liberté de la presse, il y va de toutes nos libertés. Faites
disparaître du monde politique le droit d'examen, le droit
naturel de dire son opinion sur la chose publique dont on

fait partie, le droit constitutionnel de critiquer avec énergie, amèrement même, les hommes d'Etat qui veulent marcher seuls contre tous, seuls malgré tous, seuls en haine du présent et en dépit du passé, il n'y a plus de constitution possible, plus de peuple libre, plus de lois populaires, plus de triple pouvoir, il n'y a plus de citoyens.

Nous savons bien que *citoyens* est un mot qui répugne à la faction. Elle voudrait rayer de notre langue politique tous les mots qui pourraient servir à expliquer l'ère nouvelle de liberté et de droits égaux dans laquelle nous sommes entrés à la suite de la liberté. Telle est la faiblesse de la faction, qu'elle a peur des mots aujourd'hui comme d'un reproche; elle est trop vieille même pour la langue, il lui faut une langue à son usage, et elle aime mieux ne pas nous entendre que d'adopter le dictionnaire de la Charte. Ce titre de citoyen l'épouvante : elle ne voulait pas, il y a trois jours, que M. Séguier l'eût employé.

Un de ces journaux avait même excusé M. le premier président, comme d'un mot impropre et aboli depuis longtemps. Cependant ce mot existe : il est dans nos lois, il est dans nos mœurs, il est à la Cour royale, dans le cœur, dans la tête, dans le langage de M. le premier président. Citoyens! a-t-il dit encore avant-hier, en dépit des écrivains officiels. Ce mot est donc consacré; et en effet, il est impossible d'en trouver un autre pour qualifier la foule attentive qui assiégeait avant-hier les portes de la Cour royale.

Oui, citoyens, en effet; car il faut l'être pour venir, dès le matin, assister à ces longs débats de la Cour; pour venir le matin d'un jour d'hiver, ne se retirer que le soir, et pour attendre sans impatience le résultat de ces délibérations importantes qui vont décider d'un principe; oui, il y avait là plus d'amis de la cause que nous défendons, que d'amis du vieux royaliste que le tribunal de police correctionnelle avait déjà condamné; oui, et ce nous est un bien grand sujet de joie, il y avait plus d'égoïsme dans cette attente animée de la foule, qu'il ne pouvait y avoir d'intérêt personnel; car ceci était d'une trop haute importance pour qu'on ne s'intéressât qu'à un seul homme dans cette affaire. Cette affaire était l'affaire de tous, c'était un débat parlementaire, c'était une délibération de tribune; l'écrivain isolé disparaissait pour faire place à tous; il était ému comme eux, ils étaient émus comme lui; leur joie a été la même, ni plus ni moins grande la joie des uns que la joie des autres; ils ont partagé le même triomphe; ils auraient été affligés de la même douleur.

Ils auront la même reconnaissance pour leur avocat : voilà nos défenseurs tels que la Charte nous les a faits. Orateur simple et vrai, fort de la raison commune et du bon sens populaire, homme de barreau, homme de tribune, citoyen comme nous, Me Dupin a parlé au nom de tous, il a parlé pour tous, il a parlé pour lui et pour nous; et toujours la raison publique s'est reconnue à cette véhémente parole; toujours elle a applaudi à ces raisonnemens invincibles, quand il s'est agi de principes, à ces indestructibles sarcasmes quand il s'est agi de plaidoyers en faveur d'opinions perdues, à ce mouvement de fierté et d'orgueil, quand l'orateur, comparant les attaques aux principes attaqués, les persécutés aux persécuteurs, l'accusé à l'accusation, prenait en témoignage la conscience publique de la bonté de sa cause : tout était là, tout, mouvement, passion, chaleur, noble fierté; la foule pensait comme l'orateur, l'orateur parlait comme aurait parlé la foule. Et quand il eut fait sa réplique, quand à propos de cet article de journal auquel il avait rattaché tout le mouvement social de l'époque, il eut amené comme dernier secours le jeune duc de Bordeaux et son auguste mère, il n'y eut pas dans le tribunal une ame de citoyen qui ne fut convaincue. La cause principale était gagnée, la cause générale était hors de doute; il ne s'agissait plus que d'une cause individuelle, d'un simple particulier, et peu de mots suffirent pour gagner encore cette cause qui n'avait d'intérêt que parce qu'elle tenait à la cause générale.

Après de pareils arrêts, vis-à-vis de tels juges, à côté d'un tel avocat, on est fier d'être citoyen; on est plus que cela, on est heureux. Car aujourd'hui il faut mettre avant toute gloire la paix et le calme, et l'intime contentement du citoyen qui est sûr de voir le lendemain ressembler à la veille, et qui jouit de ses pénibles conquêtes en homme qui ne craint plus de les perdre jamais. Hélas! n'est-il pas temps que ces luttes s'achèvent! Ne verrons-nous pas un terme à ces cruelles divisions! Ne serait-il pas sage enfin de faire cesser ces parodies des temps révolutionnaires, et de ne plus rassembler sur les bancs de la police correctionnelle, pour six mois de prison, les mêmes hommes que la force de 93 entassait à la Conciergerie pour aller à l'échafaud! Tout est presque fait aujourd'hui! Le trône est affermi sur ses bases, le royaume est calme, la Constitution a pénétré toutes les ames, l'avenir est jeune et beau, il est convenu à jamais que le passé est impossible. Pourquoi donc quelques hommes s'obstinent-ils à troubler cette paix générale? Pourquoi donc chagrinent-ils de nouveau la royauté qui veut être paisible? Pourquoi livrent-ils d'inutiles combats à cette Charte qui veut être respectée? Ne voient-ils pas que notre époque ne peut pas être menée par des huissiers et des avoués en Cour royale? Ne voient-ils pas qu'un geôlier n'est plus un homme politique de nos jours? N'entendent-ils pas déjà les cris d'allégresse de la France, au moment où ils abandonneront enfin le pouvoir que leurs débiles mains ne peuvent pas porter?

Espérons donc enfin que, grâce à la Cour royale, éclairés sur leur position véritable, ils comprendront combien sont puissans un Roi et un peuple qui ont beaucoup vécu, qui ont vécu de toutes les vies, gloire, revers, malheurs inouïs, fortune inespérée, et qui ne veulent plus vivre désormais que pour la paix et la liberté!

PROCÈS

DE

M. BERTIN AÎNÉ,

RÉDACTEUR EN CHEF ET GÉRANT RESPONSABLE

DU JOURNAL DES DÉBATS.

———◆———

A onze heures et demie, lorsque la Cour est entrée en séance, et que les deux portes à la fois ont été ouvertes au public, par ordre de M. le premier président Séguier, la salle était déjà en partie remplie de spectateurs de distinction. On remarquait parmi eux M. le général Sébastiani, M. le comte de Montlosier, et le jeune duc de Montébello. Le barreau et le parquet étaient remplis de jeunes avocats.

M. Bertin l'aîné, rédacteur en chef et gérant du *Journal des Débats*, prend la place qui lui est assignée, et décline ses noms et prénoms.

M. Dehérain, conseiller, fait le rapport de l'affaire. Le droit d'imprimer et de publier ses opinions a été placé, par la Charte, au nombre des droits publics des

Français. Cette maxime posée dans le pacte fondamental, ç'a été l'affaire de la législation de pourvoir à la répression des abus de la presse. Comme moyen de sociabilité, comme ciment des sociétés et des Etats, la religion devait réclamer en premier lieu la protection de la loi. Avec son pouvoir, avec son éclat, avec ses souvenirs, apparaissait aussi la royauté, qui est comme une seconde religion. Il fallait la défendre dans son essence, dans ses attributs et dans ses prérogatives, consacrées par la Charte elle-même.

Voilà, Messieurs, la nouvelle tâche que la loi du 25 mars 1822 s'est efforcée de remplir. Une loi antérieure, celle du 17 mai 1819, avait prononcé des peines contre les offenses qui pourraient être commises contre le chef suprême de l'État. Ces réflexions préliminaires s'appliquent naturellement à cette cause, où il s'agit d'un article du *Journal des Débats*, qui avait été originairement incriminé, comme s'étant rendu coupable d'offense envers la personne du Roi, comme ayant attaqué son autorité constitutionnelle et la dignité royale.

Il a plu au Roi de confier le soin des affaires publiques à d'autres conseillers. Cet acte de la puissance royale émut violemment les organes de la presse périodique, il a été la cause occasionnelle d'un article inséré dans le *Journal des Débats*, le 10 août. Voici comment il est conçu :

« Ainsi le voilà encore une fois brisé ce lien d'amour et de confiance qui unissait le peuple au monarque ! Voilà encore une fois la cour avec ses vieilles rancunes, l'émigration avec ses préjugés, le sacerdoce avec sa haine de la liberté qui viennent se jeter entre la France et son

Roi. Ce qu'elle a conquis par quarante ans de travaux et de malheurs on le lui ôte ; ce qu'elle repousse de toute la puissance de sa volonté, de toute l'énergie de ses vœux, on le lui impose violemment.

» Et quels conseils perfides ont pu égarer ainsi la sagesse de Charles X, et le jeter à cet âge, où le repos autour de soi est la première condition de bonheur, dans une nouvelle carrière de discordes ? Et pourquoi ! qu'avons-nous fait pour que notre Roi se sépare ainsi de nous ? Jamais peuple fut-il plus soumis à ses lois ? Où l'autorité royale a-t-elle reçu la moindre atteinte, la justice, quelque obstacle à sa force ? La religion n'est-elle pas toujours entourée de nos respects ?

» Il y a un an, à cette même époque, Charles X alla visiter ses provinces du Nord : nous invoquons son souvenir : par quels témoignages d'amour et de reconnaissance il fut accueilli ! Cette touchante image d'un père environné de ses enfans devint alors une heureuse réalité : aujourd'hui il trouverait encore partout des sujets fidèles, mais partout affligés d'une défiance imméritée.

» Ce qui faisait surtout la gloire de ce règne ; ce qui avait rallié autour du trône les cœurs de tous les Français, c'était la modération dans l'exercice du pouvoir, la modération ! Aujourd'hui elle devient impossible. Ceux qui gouvernent maintenant les affaires, voudraient être modérés qu'ils ne le pourraient. Les haines que leurs noms réveillent dans tous les esprits sont trop profondes pour n'être pas rendues. Redoutés de la France, ils lui deviendront redoutables. Peut-être dans les premiers jours voudront-ils bégayer les mots de Charte et de liberté : leur maladresse à dire ces mots les trahira ; on n'y verra que le langage de la peur ou de l'hypocrisie. Quelle liberté, grands Dieux ! que de la liberté à leur manière ! Quelle égalité que celle qui nous viendrait d'eux !

» Que feront-ils cependant? Iront-ils chercher un appui dans la force des baïonnettes ! Les baïonnettes aujourd'hui sont intelligentes, elles connaissent et respectent la loi. Incapables de régner trois semaines avec la liberté de la presse, vont-ils nous la retirer ? Ils ne le pourraient qu'en violant la loi consentie par les trois pouvoirs, c'est-à-dire en se mettant hors la loi du pays. Vont-ils déchirer cette Charte qui fait l'immortalité de Louis XVIII et la puissance de son successeur ? Qu'ils y pensent bien ! La Charte a maintenant une autorité contre laquelle viendraient se briser tous les efforts du despotisme. Le peuple paie un milliard à la loi : il ne paierait pas deux millions aux ordonnances d'un ministre. Avec les taxes illégales naîtrait un Hampden pour les briser. Hampden ! faut-il encore que nous rappellions ce nom de trouble et de guerre. Malheureuse France ! malheureux Roi ! »

Une citation, continue M. le conseiller-rapporteur, avait été donnée au sieur Bertin devant la sixième chambre correctionnelle, pour le 19 août dernier. Le sieur Etienne Béquet, à l'égard duquel M. le procureur du Roi avait abandonné la plainte, a été mis hors de cause, parce que le sieur Bertin a reconnu avoir fait des changemens notables à l'article. Le sieur Bertin, condamné à six mois de prison et 500 fr. d'amende, a interjeté appel de ce jugement. M. le procureur du Roi l'a aussi attaqué *à minimá*.

Ce rapport terminé, M. Montcloux de la Villeneuve, membre de la première chambre civile, et appelé à siéger pour le jugement de la cause, entre dans la salle et prend le rang qui lui appartient.

M. le premier président : M. le conseiller-rapporteur, veuillez reprendre votre rapport, parce qu'un de Messieurs vient d'arriver.

M. Dehérain recommence son rapport.

Mᵉ Labois, avoué, prend des conclusions préjudicielles, motivées sur ce que le roulement des chambres ne s'est pas opéré conformément à la loi ; mais subsidiairement, et attendu qu'en Cour souveraine il faut conclure à toutes fins, il conclut au fond à ce que M. Bertin soit renvoyé des fins de la plainte.

M⁰ Dupin aîné prend la parole au milieu d'un profond et religieux silence :

Messieurs, dit-il, le *Journal des Débats*, renommé par la constance de ses prédilections comme par la vivacité de ses antipathies, s'honore, à juste titre, de n'avoir jamais varié dans son amour pour les Bourbons et son dévouement aux véritables intérêts de la restauration. Il l'a surtout bien servie en se constituant plus particulièrement l'organe de ces royalistes doués de patriotisme et de discernement qui, associés aux bienfaits et aux espérances de 1814, ont bientôt compris et hautement proclamé que le trône, désormais, ne pouvait trouver de solide appui que dans l'alliance sincère et franche de l'autorité légitime avec les libertés constitutionnelles, que réclament, avec une égale force, les lumières du siècle et les vœux du pays.

Entré dans cette large voie, par goût autant que par conviction, le *Journal des Débats* s'applaudit d'avoir poussé le premier cri, un cri d'alarme et de douleur, à l'apparition des triumvirs du 8 août ! un cri proportionné à son amour pour le Roi, et au danger dont il a jugé la France menacée, lorsqu'il a cru voir dans leur avènement au pouvoir le triomphe d'un parti dont l'allure lui était assez connue pour en déduire immédiatement les plus affligeantes prévisions !

Mieux que tout autre, l'écrivain courageux qui préside au *Journal des Débats*, savait par quels hommes le Roi était obsédé, par quels conseils on avait entrepris d'égarer sa haute sagesse, et de surprendre sa bonté ; il connaissait, il avait vu de près, il avait entendu s'exprimer en liberté ces hommes dont les préjugés, pour être respectables dans la personne de quelques-uns, à cause de leur grand âge, de leur caractère religieux et de leur bonne foi, n'en sont pas moins une source funeste de vertige et d'erreur ; il connaissait aussi cette autre espèce de gens , aussi perfides que bassement intéressés, qui se font de tout un moyen de servir leur ambition , leur égoïsme et leur insatiable cupidité , *advienne du reste que pourra.....*

C'est alors que pour avertir, et non pour blesser ; non pour outrager, mais pour remplir un devoir ; M. Bertin aîné , ce royaliste éprouvé dans l'exil comme aux jours de la prospérité , a chargé l'un des rédacteurs dont il connaissait le mieux l'attachement à la dynastie (M. Béquet, volontaire royal au 20 mars), de rédiger un article dans un sens qui répondît à leurs communes affections ; article qu'il s'est approprié tout-à-fait en le revisant ; expression vive de douleur et de regrets , d'inquiétude et d'anxiété , où les intérêts de Charles X ne sont point séparés de ceux de la patrie , et où le rédacteur, les unissant dans un même sentiment d'affection et de crainte , s'écrie avec l'accent d'un sujet fidèle , mais profondément affligé : *Malheureuse France ! Malheureux Roi !*

Cet article a été rédigé *ex abrupto ,* à l'instant même, sous le coup de l'événement , au milieu de l'émoi que la conjoncture avait fait naître. Je ne sais si , dans cette précipitation , cette émotion si vive ressentie par l'écrivain , sous l'empire de ses impressions personnelles, accrues de l'agitation générale des esprits , la plume du rédacteur aurait mal servi sa pensée ; mais ce qu'il y a de certain, ce que mon client m'a toujours affirmé, ce qu'il veut vous attester encore , c'est que jamais intention ne fut plus pure que la sienne et celle de son jeune ami ; c'est que l'un et l'autre ont cru remplir un devoir impérieusement commandé par la gravité des circonstances ; ils ont voulu, non pas offenser, à Dieu ne plaise ! la personne d'un Roi qu'ils honorent, mais déplorer une erreur qu'ils jugeaient funeste ; ils ont prétendu , non pas contester le pouvoir constitutionnel de la couronne , dont ils se sont toujours, au besoin, déclarés les défenseurs ; mais éveiller la sollicitude publique, celle du Prince lui-même , sur la manière probable dont les nouveaux ministres allaient gouverner, en signalant d'avance, dans la sincérité de leur conviction, tous les dangers qui pouvaient en résulter pour le Roi et pour la France.

Cependant une accusation a éclaté contre le *Journal des Débats,* accusation toute politique , accusation de prédilection, indiquée de préférence par le ministère, comme un sacrifice expiatoire, un holocauste aux mânes de l'avant-dernière administration ; une leçon à donner à ceux que ses ayant-cause ont appelés *les hommes de la défection;* comme un épouvantail enfin aux autres écrivains qui , n'ayant pas à invoquer les mêmes services rendus aux Bourbons, devraient s'attendre à trouver encore plus d'inflexibilité.

Le rédacteur en chef a été traduit en police correctionnelle , et là , il s'est vu condamner à six mois de prison pour les deux prétendus délits *d'offense envers la personne du Roi ,* et *d'attaque contre la dignité royale.*

Messieurs, jamais *un citoyen* n'est venu dans ce sanctuaire avec un sentiment plus profond de l'injustice qu'il aurait éprouvée ! De toutes les accusations invraisemblables dont un honnête homme puisse être injustement chargé, s'il en est une à laquelle M. Bertin aîné ne devait jamais s'attendre , c'est assurément celle d'offense à la personne de son Roi , de Charles **X**, chef auguste et vénéré d'une dynastie à laquelle il a si longtemps immolé son repos et voué ses plus chères affections ! Mais telle est la puissance de l'interprétation!

Un article où respire le dévouement le plus sincère a été transformé en insulte, et, pour ainsi dire, en outrage à *la dignité royale.*

Ne point appeler d'une condamnation prononcée dans ces termes, c'eût été acquiescer au reproche et s'avouer coupable !.... Mon client était incapable de manquer à ce point à lui-même et à la vérité ; et au risque de voir son imploration suivie d'un contr'appel *à minimâ*, il n'a point balancé ; il savait, Messieurs, qu'il aurait à paraître devant vous.

M. Bertin était accusé de deux délits :

1°. D'offense envers la personne du Roi ;

2°. D'attaque contre la dignité royale et l'autorité constitutionnelle du Roi.

Le jugement n'a point conservé la qualification légale de ses délits. Il a substitué les mots d'*offense envers le Roi* à ceux d'*offense* envers *la personne du Roi ;* il ne parle que d'attaque contre *la dignité royale*, sans conclure sur *l'attaque à l'autorité constitutionnelle*, dont il fait cependant son premier considérant. Les motifs ne correspondent pas exactement au dispositif ; et c'est moins à la logique des premiers juges qu'aux articles qu'ils visent en les appliquant, que l'on reconnaît que c'est peut-être pour les deux délits compris dans l'accusation qu'ils ont entendu condamner le prévenu.

Il importe donc de préciser le caractère légal auquel on doit reconnaître ces divers délits, en commençant d'abord par celui d'*offense à la personne du Roi*, ainsi défini par l'article 9 de la loi du 17 mai 1819.

« Attendu, ont dit les premiers juges sur ce chef » d'accusation, *que la personne du Roi est inviolable* » *et sacrée.* »

Sans nul doute la personne du Roi est *inviolable !* sans

nul doute sa personne est *sacrée !* sacrée en elle-même et par l'auguste dévolution du titre de Roi , par le seul fait de l'avènement successif à la couronne , indépendamment du sacre proprement dit. Cette pompeuse cérémonie a pu , dans des temps d'ignorance et de superstition , être mal à propos considérée comme une collation de la couronne et du pouvoir royal par main de prêtre; mais dans des siècles mieux éclairés sur l'indépendance du pouvoir civil, et depuis que nos pères, pour éviter que l'église ne se dît en droit de reprendre ce qu'elle croirait avoir donné, eurent proclamé comme une maxime fondamentale , que le Roi de France ne relève que de Dieu et de son épée et de la loi de son Etat, le sacre n'a plus été considéré que sous son véritable point de vue, c'est-à-dire comme un acte purement religieux; à ce titre fort digne de tous nos respects , mais qui n'affecte en rien l'essence de la royauté; qui, dès lors, peut indifféremment être omis ou différé, et qui n'ajoute rien au caractère politique du Roi, à sa puissance naturelle et légale, à son inviolabilité immédiate et absolue. Si donc, dans nos lois, sa personne est dite *sacrée*, c'est pour indiquer en tout temps ce qu'il y a de plus saint et de plus vénérable à nos yeux ; mais cette inviolabilité de la personne sacrée du Roi n'a rien de commun avec le délit particulièrement qualifié *d'offense à la personne du Roi,* dont était prévenu M. Bertin.

L'inviolabilité de la personne du Roi déclarée par la Charte, a pour principal objet de préserver de toute attaque le corps même du Roi ; elle ne permet pas qu'il puisse être l'objet d'aucune violence, même à titre de représailles ou de défense naturelle ; elle ne permet pas non plus qu'on puisse le rendre personnellement responsable d'aucun fait qualifié délit , ni de lui rien imputer personnellement à mauvais dessein : le Roi ne peut être justiciable d'aucun tribunal humain, il ne reconnaît aucun juge sur terre, fors Dieu, sa conscience et son serment. Voilà en quoi consiste son inviolabilité... Toute attaque à cette inviolabilité de la personne du Roi constitue un délit grave, et pourrait même, selon le cas, recevoir la qualification de crime ; mais crime ou délit, c'est un fait très-distinct du délit *d'offense à la personne du Roi*. Il ne fallait donc pas déduire l'un de l'autre, comme l'ont fait les premiers juges, en confondant par là ce qu'ils devaient distinguer, car M. Bertin n'était pas accusé d'avoir attaqué *l'inviolabilité de la personne du Roi*.

A cette première remarque, il en faut joindre une autre. La loi précitée a dit : « Offense envers la personne du Roi, » et elle l'a dit avec intention. Le projet de loi portait *l'imputation* ou *l'allégation offensante*, ou *l'injure* : mais à ces mots d'une compréhension trop étendue, le législateur a substitué l'expression plus précise et mieux caractérisée *d'offense à la personne du Roi*.

Ainsi : 1° Ce n'est pas toute imputation, toute allégation déplaisante que la loi a voulu atteindre, mais seulement l'imputation ou l'allégation qui auraient le caractère *d'offense*, avec la gravité que comporte ce dernier mot ; 2° Il faut encore, et de plus, pour rendre la loi applicable, que l'offense soit dirigée *contre la personne* pour qu'il soit bien certain que c'est l'homme même, l'individu Roi, qu'on a voulu personnellement *offenser*.

Et pourquoi ? Parce qu'en définissant ce qui devait caractériser ce délit, le législateur n'a pas tant considéré la bienséance et le devoir qui obligent à ne parler jamais du Roi qu'avec le plus profond respect, qu'il n'a pris dans la majesté même du prince l'idée que l'injure, pour qu'elle pût être censée l'atteindre, devrait avoir de la gravité, et constituer une véritable offense.

La loi a voulu, n'en doutons pas, que, dans sa grandeur d'ame, le Roi de France pût quelquefois dire, comme l'empereur romain : *Je ne me sens point blessé.* (Vive sensation.)

Au surplus, Messieurs, rassurez-vous : c'est pour l'honneur seul des principes que je suis entré dans cette discussion légale ; et, venant au fait, vous demeurerez bientôt convaincus que l'article incriminé résiste, dans toutes ses parties, à l'interprétation fâcheuse qu'on s'est efforcé de lui donner.

Voyons d'abord l'article dans son entier, et jugeons l'ensemble, avant de descendre aux détails.

(Me Dupin lit, pour la troisième fois, l'article entier, déjà lu deux fois par M. le conseiller rapporteur ; et, après avoir fait remarquer d'une manière générale que sa rédaction, hostile seulement contre le ministère, est, au fond, affectueuse pour le Roi, il en reprend l'analyse en ces termes :)

« Ainsi le voilà encore une fois brisé ce lien d'amour » et de confiance qui unissait le peuple au monarque ! » — Et l'accusation de s'écrier : Halte-là ! Vous niez donc que le Roi soit aimé de son peuple ! donc vous offensez le Roi ! — Et la défense de répondre : Non ; lisez jusqu'au bout, comme je viens de le faire, et vous verrez que le mauvais sens particulier que vous prêtez à cette première phrase, à ce premier cri dès l'abord échappé, n'est point le sens général de l'article : vous vous hâtez trop d'accuser.

Si l'écrivain parle d'un lien brisé, il ne l'impute point au Prince ; il nomme à l'instant même ceux qu'il faut en accuser : ce sont *ceux qui viennent encore de se jeter entre la France et son Roi.* Nul reproche, nul blâme, n'est donc ici dirigé contre la personne du Roi : on croit exprimer un fait, un fait qu'on déplore, un fait dont on gémit. Mais loin de l'écrivain la coupable pensée d'un tort qu'on veuille faire peser sur la personne du Roi, non plus que sur la France ; on le rejette à l'instant même sur ceux qui s'efforcent de se placer entre deux.

Si l'on entrevoit des malheurs à la suite de cette interposition, et, si je puis m'exprimer ainsi, de cette *éclipse de Roi*, par ceux qui s'efforcent d'intercepter à leur profit tous les rayons de la royauté, qui ose-t-on en accuser ? Des *conseils perfides ;* car personnellement Charles X est sage, et il ne peut errer qu'autant qu'il est mal conseillé ; et qu'on égare *sa sagesse,* la sagesse qui lui est propre. Loin de se réjouir de l'influence attribuée à ces mauvais conseils, comme eût pu le faire un ennemi du Roi, à l'instant même le cœur de l'écrivain s'émeut en faveur de la personne du Roi, qu'il appréhende de voir entraîner par ces *perfides conseils* dans une *nouvelle carrière de discordes à cet âge où le repos autour de soi est la première condition de bonheur!* Tout ce que l'on craint, c'est de le voir troubler, à cet âge que l'écrivain ne peut rappeler sans montrer à quel point sa sollicitude est affectée !

Et pourquoi! Qu'avons-nous fait pour que notre Roi se sépare ainsi de nous? — Est-ce là l'exclamation d'un homme qui veut offenser la personne de son Roi? N'est-ce pas plutôt le cri douloureux d'un fils qui, se croyant tombé dans la disgrâce paternelle, s'interroge sans pouvoir se persuader qu'il aît pu la mériter !

On rappelle des jours de fête et d'allégresse! On se plaît à en retracer le souvenir ; et c'est avec amertume que le cœur oppressé par de sinistres appréhensions, on paraît craindre *qu'en trouvant encore et partout des sujets fidèles,* on ne les trouve *partout affligés d'une défiance imméritée.* Affligés ! me suis-je écrié devant les premiers juges, preuve sans réplique qu'ils aiment toujours le Roi ! Car qu'importe à un ennemi du Roi que le Roi se défie de lui? Peut-on dire d'un tel homme qu'il serait *affligé* de cette défiance? Pourrait-on dire surtout qu'elle serait *imméritée?* Il n'est donc pas un mot qui ne porte au fond l'expression d'un amour véritable et toujours subsistant au fond des cœurs pour le Roi, en même temps qu'on y voit douter que l'explosion fût la même, par la raison déjà dite que d'autres se sont jetés entre le Roi et la France, pour faire effort sur le lien qui les unissait, pour le briser, s'il était possible, et inspirer au Roi des défiances *imméritées;* car ce peuple qui lui a si bien prouvé son amour, ce peuple *toujours fidèle* est *affligé.* Toute expansion cesse, jusqu'à ce que la cause de l'affliction vienne aussi à cesser, c'est-à-dire jusqu'à ce que de perfides conseils ne soient plus écoutés. Et le ministère l'a bien pressenti, quand, par une disposition étrange, on a vu paraître une défense de jouer aucune *pièce de circonstance pour la fête du Roi.* Était-ce dans la crainte qu'elles ne fussent trop applaudies !..... (Mouvement très-marqué d'attention.)

C'est alors, qu'exclusivement occupé de ce que voudront ou pourront faire *ceux qui gouvernent maintenant les affaires,* le journaliste entre dans une discussion qui ne porte que sur les ministres, et qui, par conséquent, ne peut constituer *aucune offense à la personne du Roi.* On y parle de ce qui *a fait la gloire du règne de Charles X,* de ce qui *avait rallié autour du trône les cœurs de tous les Français!* Voilà ce qu'on voudrait voir encore ! S'il n'en est pas ainsi, s'il y a ralentissement dans les manifestations, c'est aux ministres seuls qu'il faudra s'en prendre ! Car eux seuls en seront cause ! Eux seuls seront responsables des malheurs que leurs écarts pourraient entraîner. Dans ce cas, sans doute : *Malheureuse France!* Car c'est sur elle que tomberont les désastres d'une funeste administration : mais aussi *malheureux Roi!* Car la France ne peut être malheureuse sans que le Roi n'en souffre et n'en gémisse en même temps! S'en prendre à son peuple, c'est s'en prendre à lui : touchante solidarité de joie dans la prospérité, comme d'affliction dans des retours contraires! Mais dans tous les cas, sentiment pur et vrai, aussi noblement senti que vivement exprimé! (Vif mouvement d'adhésion.)

Voilà, Messieurs, le mouvement général de l'article. Mélange d'amour et de douleur, de craintes et de regrets, dans l'intérêt qu'on ne sépare pas, du Prince et de la patrie, l'un et l'autre menacés.

Il est donc vrai de dire que, dans les termes comme dans l'intention, l'article est pur de toute *offense contre la personne du Roi!*

Au lieu de cela, la discussion du ministère public a été toute grammaticale, non sur l'ensemble, mais seulement sur quelques mots ; les premiers de tous, ceux qui par conséquent n'ont pas pour objet d'expliquer les autres, mais sont destinés à être eux-mêmes expliqués. *Brisé le lien d'amour et de confiance!* Combien de fois ne m'a-t-on pas ramené sur ces mots? Eh bien! pour réfuter même sur ce terrain étroit l'accusation qui a prétendu s'y cantonner, offrons-lui d'autres points de comparaison qu'il lui sera sûrement impossible de réfuter. (Attention très-prononcée.)

En 1818, quand le Roi venait de retirer à Monsieur le commandement de la garde nationale, un homme aujourd'hui ministre, et même premier ministre, M. de Polignac enfin, qui écrivait alors dans *le Conservateur*, y a déposé cette phrase (marques universelles de curiosité) : « Une telle mesure a délié les noeuds qui » rattachaient si honorablement la garde nationale, au

» trône. » De sorte que dans cette phrase si pure sans doute de toute pensée *d'offense à la personne du Roi*, de la part d'un homme si tendrement attaché à la monarchie, il ne resterait plus qu'à nous expliquer (si l'on prétendait en récuser l'analogie), qu'à nous expliquer la différence qu'il peut y avoir entre *délier un nœud* et *rompre un lien!......* (Mouvement d'hilarité.)

J'emprunte une seconde citation à l'ex-ministre de l'intérieur, M. le comte de la Bourdonnaye, qui ayant voulu marquer son passage au ministère par une circulaire, ou, si l'on veut, par un manifeste, où il déposait toute la profondeur de ses pensées (on rit), parle du choix des fonctionnaires, et dit à ce sujet : « Ce n'est » qu'en employant des hommes dévoués que vous ferez » *renaître la confiance* des gens de bien, et que vous » les rallierez au gouvernement. » Rallier les gens de bien au gouvernement! ils en étaient donc *détachés?* Or, pourrait-on dire, qu'est-ce qu'un gouvernement dont les gens de bien se sont une fois séparés ? — *Faire renaître la confiance!* Elle était donc morte? Oui, dit la circulaire du ministre ; oui, répétait avec lui tout son parti ; le ministère Martignac l'avait tuée. — Non, non, c'est vous plutôt, répond le parti contraire, c'est vous qui avez *brisé ce lien de confiance!*

En troisième lieu, j'invoquerai l'auteur de l'écrit intitulé : *Des Résultats nécessaires de la situation de la Couronne et de la Chambre des Députés.*

(Voix diverses : M. Cottu.)

Mᵉ Dupin : l'auteur de cet écrit, à la page 74, après avoir conseillé aux Bourbons de guerroyer contre ce qu'il appelle les factieux, s'écrie : « *C'est ainsi qu'ils* » *reconquerront l'amour d'une nation*, qui prise par- » dessus tout l'audace et la résolution. » Reconquérir l'amour! Cet amour est donc perdu; et comme les

Bourbons n'ont pas fait ce que leur conseillait le belliqueux auteur, cet amour, à présent même, n'est donc pas encore reconquis ?.....

Enfin, il n'est pas jusqu'à M. Syrieys de Mayrinhac que je ne puisse citer, puisque après avoir dit que le Roi avait *beaucoup d'ennemis,* loin d'encourir aucune disgrâce, il vient d'être mis à la tête de la police pour y surveiller sans doute ceux dans lesquels il a cru voir des ennemis du Roi.

Ainsi, en dernier résultat, M. Bertin n'a pas dit autre chose que MM. de Polignac et la Bourdonnaye, Cottu et Syrieys de Mayrinhac. Chacun a dit la même chose à son tour. Pour être juste envers tous, il faut reconnaître que le *Journal des Débats* est aussi complètement innocent du délit *d'offense,* que ceux qui ont dit la même chose avant ou après lui.

Concluons donc, sur ce premier chef, que, ni dans l'intention de l'écrivain, ni dans les termes qu'il a employés, ne se trouve le délit *d'offense à la personne du Roi.* Sous ce premier point de vue, le jugement a donc mal jugé.

(Ici la plaidoirie de M⁰ Dupin est interrompue par un grand bruit qui se fait au dehors. Des flots de curieux qui se pressent à la porte d'entrée causent cette agitation.)

M. le premier président : M⁰ Dupin, suspendez un instant votre plaidoirie jusqu'à ce qu'on ait cessé de parler hors de la salle d'audience. Lorsqu'on ne vous entendra plus, on désirera davantage vous entendre.

M⁰ Dupin : Je passe maintenant au second chef. L'accusation était *d'attaque contre la dignité royale et l'autorité constitutionnelle du Roi.*

Dans le jugement, le motif est pris de l'*autorité constitutionnelle du Roi :* les termes de la condamnation sont uniquement pour attaque *contre la dignité royale.*

J'en fais encore la remarque, dans l'intérêt des principes; car, en résultat, la peine est la même, et elle est prononcée par le même article pour les deux qualifications. Au fait, la nuance serait assez difficile à marquer, car *la dignité royale* comporte toute *l'autorité constitutionnelle du Roi*, par la raison que, réciproquement, l'ensemble de cette *autorité* constitutionnelle constitue en réalité *la dignité du Roi.*

En effet, si nous consultons Blackstone, dans son chapitre *de la Prérogative royale*, qui vient immédiatement après celui qu'il a intitulé : *Des Devoirs du Roi* (à la tête desquels il place le devoir du Roi, de maintenir la constitution du pays, et de gouverner selon les lois, comme il en a fait serment), Blackstone définit ce qu'on doit entendre par ces mots : *la dignité royale.* Il la fait consister dans l'élévation du caractère politique du Roi, dans cette prééminence qui le place au dessus de ses sujets ; dans la qualité de chef suprême de l'Etat, sans supérieur sur la terre, ne dépendant d'aucun homme, ne devant compte à aucun ; réputé, par une haute fiction, ne pouvoir mal faire ; « inviolable dans » sa personne, même quand les mesures suivies sous » son règne seraient complètement tyranniques et » arbitraires. »

Contester la prérogative, non en vue d'en combattre décemment et de bonne foi l'étendue et les limites, ce qui est certainement permis et quelquefois nécessaire pour fixer les compétences *; mais la méconnaître ouvertement, ou l'attaquer après l'avoir reconnue, ce serait commettre le délit *d'attaque à la dignité royale et à l'autorité constitutionnelle du Roi.* Mais l'écrivain que

* Blackstone, tom. 1, pag. 438.

je défends n'a arraché aucun des fleurons de la couronne ; il n'a contesté aucune des prérogatives qui constituent la dignité royale ; il ne s'est pas rendu coupable d'attaque à cette dignité et à l'autorité qui en dérive. Il n'a pas dit comme Syrieys de Mayrinhac : *Nous avons résisté au Roi et aux ministres pour suivre le chemin de l'honneur !* Injure grave, car c'était dire assez que le Roi ne suivait plus le panache de Henri. Je n'ai pas à dire non plus avec son avocat, *que résister aux ministres et même au Roi est permis sous un régime constitutionnel.*

L'article que je défends n'a rien contesté au Roi. Le rédacteur sait très-bien que le Roi a le droit de choisir ses ministres, comme il l'entend, parmi tous ceux de ses sujets qui ont la capacité requise pour exercer des fonctions publiques. Il sait très-bien pareillement que l'on doit obéir aux ministres que le Roi a choisis, quels qu'ils soient, dans tout ce qu'ils ordonnent en conformité des lois et pour leur exécution.

Aussi il n'a pas signalé le nouveau ministère comme une composition *inconstitutionnelle et illégale*, mais (ce qui est bien différent), comme une composition *funeste*. Il n'a pas mis *le droit du Roi* en doute, il n'a discuté que le *mérite des personnes*, en cherchant à prévoir ce qu'on pouvait attendre de leur gestion.

En cela, il faut le reconnaître, le *Journal des Débats* a usé des justes droits de la presse. Il en a usé comme l'ont fait ses adversaires, chaque fois que le Roi a nommé des ministres qui n'étaient pas de leur parti ; et comme ils feraient encore demain, si aujourd'hui le Roi nommait des ministres qui ne convinssent pas à leurs opinions. Car, suivant eux (ils le proclament d'avance dans leur gazette du 18 de ce mois), « Il n'y a dans la situation de nos affaires que *trois* ministères possibles ;

un ministère de vie (c'est le ministère actuel, le ministère par excellence) ; *un ministère de rechute* (autrement dit ministère de concession ; c'est celui qui, suivant eux, perdait l'an dernier la monarchie, et qui la perdrait encore, s'ils n'était là tout exprès pour la sauver); et un *ministère de mort* (si, par malheur, il était libéral). »—Tel est l'arrêt du sort prononcé par l'oracle du parti. A l'avenir, le Roi ne peut plus que mal choisir ses ministres, s'il lui plaît de renvoyer ceux-ci. Voilà d'avance la prédiction de *la Gazette* sur tous les ministères futurs, qui seront cependant aussi bien dans le droit constitutionnel du Roi que le choix des ministres actuels. (Sensation vive et prolongée.)

Pourquoi donc un procès au seul *Journal des Débats*, pour avoir usé cette fois d'un droit qui, jusqu'à ce jour, n'avait point été contesté à la presse?

Le prétexte dont on se sert pour dénier à la presse le droit de critiquer les compositions ministérielles, c'est que le choix des ministres est dans la haute prérogative de la Couronne !

Mais cette raison ne conclut pas; car il faut toujours en revenir à examiner si l'on a contesté à la Couronne le droit de choisir ; et comme on ne lui a pas contesté ce droit, il faut bien avouer qu'il n'y a pas délit.

On a usé d'un droit exercé de tous les temps, en discutant le mérite individuel des hommes appelés au ministère. Leur personne n'est pas inviolable ; loin delà , ce n'est que parce qu'ils sont vulnérables, que le Roi ne l'est pas.

La prérogative, en vertu de laquelle le Roi nomme ses ministres, est aussi respectable, mais ne l'est pas davantage que celle en vertu de laquelle il nomme aux autres fonctions ou dignités de l'Etat. Et cependant pour toutes, sans en excepter une seule, pas même la pairie ou la charge de chancelier , toute nomination , toute faveur de la Couronne est, nous le voyons chaque jour, l'objet d'un éloge ou d'un blâme pour le candidat.

On veut bien laisser à la presse le droit de discuter le mérite des rouages secondaires , et on lui contesterait le droit d'examiner le choix des hommes qui doivent imprimer le mouvement ! tandis que c'est là au contraire que se place le premier et le plus puissant intérêt ! Le ministère est comme l'arbre de vie ; il porte avec lui le bien ou le mal. C'est ce qui faisait dire au chancelier Guillaume de Rochefort aux célèbres Etats tenus à Tours en 1483, pendant la minorité de Charles VIII, et lorsqu'il était question d'organiser le conseil :

« Ce conseil doit être composé d'hommes à qui l'*ex-*
» *périence du passé* ait appris à *prévoir l'avenir ;* qui
» aient un caractère propre à *concilier au Roi l'amour*
» *de ses sujets*, l'estime et la confiance de ses voisins ;
» *qui connaissent la Constitution de l'État*, et qui
» fassent mouvoir tous les ressorts du corps politique
» sans embarras, sans violence et sans confusion. »

A quoi le seigneur de la Roche, député de la noblesse de Bourgogne, ajoutait : « Il importe extrêmement au » peuple quel est celui qui le gouverne, puisque du ca- » ractère de ce seul homme dépend le bonheur ou le » malheur de la société. »—Il en concluait qu'on ne pouvait apporter trop de soin au choix des ministres.

Et, en effet, s'il importe si fort au peuple quels sont les hommes qui le gouvernent *de par le Roi*, puisque de de leur seul caractère dépend son bonheur ou son malheur, qu'on cesse donc de contester à la presse le droit d'examiner librement la suffisance ou l'inhabileté personnelle des ministres, quand du reste leur pouvoir légal n'est pas contesté !

Ce droit, comme tous les autres, est d'ailleurs soumis

à la responsabilité ministérielle. Car, depuis la Charte, on n'a pas vu de ministre nommé autrement que par des ordonnances contresignées. Il en reste toujours un pour contresigner la nomination de ceux qui arrivent, et la pension de ceux qui s'en vont. Et sans aller chercher hypothétiquement ce qui arriverait en cas de refus de tous les conseillers apparens de la Couronne de contresigner une nomination, apparemment bien fâcheuse puisque personne ne voudrait en prendre sur soi la responsabilité, il suffit que nous ne soyons pas dans cette position, et que de fait le ministère actuel, comme les précédens, ne nous soit apparu que sous la forme d'ordonnance *contresignée*.

Soustraire un seul acte, même de ceux qu'on appelle *proprio motu*, à la responsabilité d'un conseiller quelconque de la Couronne, ce serait compromettre la question même de l'inviolabilité du Roi, en laissant sur ce point sa personne à découvert. Ce serait donc à lui personnellement, à lui seul, qu'il faudrait imputer les fautes ou les crimes d'un méchant ministre? C'est du bien seul qu'on peut dire : le Roi l'a voulu ; de tout le reste, il faut pouvoir dire qu'il a été induit en erreur, surpris ou mal conseillé. Aussi la Charte, en déclarant les ministres responsables, les déclare tels d'une manière absolue, sans réserve et sans exception : « La Constitution, dirons-» nous avec Blackstone, a ainsi pourvu à ce qu'*aucun hom-» me n'osât assister la Couronne en opposition aux lois » du pays*. Mais, en même temps, ces lois adoptent comme » maxime, *que le Roi ne peut faire le mal*. Ce serait en » effet une faiblesse remarquable, une absurdité dans » un système quelconque de loi positive, que d'admettre » la possibilité d'une injustice, d'un tort, d'une violation » de droit, sans aucun moyen de redressement. »

Il n'est pas un des droits du Roi qui ne puisse entraîner cette responsabilité contre ses conseillers, pas même celui de grâce, en apparence le plus absolu de tous : non que toute grâce, par cela seul qu'elle a été accordée, ne demeure efficace; mais il y aurait matière à responsabilité contre le ministre, qui se serait montré trop facile, si, par exemple, il les proposait en si grand nombre, avec si peu de dicernement, et pour des crimes si bas, qu'il en résultât une sorte d'impunité totale, et un vrai danger pour la société. (Marques d'adhésion au barreau.)

Ne peut-on pas concevoir *à fortiori* la possibilité d'une responsabilité efficacement encourue à l'occasion d'une nomination de ministre, si, par exemple, il apparaissait une ordonnance portant nomination d'un Concini, d'un Mazarin, d'un homme étranger à la France, ou notoirement incapable, suivant les lois du royaume, et notamment la déclaration du 18 avril 1651 *? Certainement le conseiller de la Couronne qui aurait suggéré une telle nomination, ou qui se l'approprierait en la contresignant, encourrait l'accusation devant les Chambres, et en attendant, le blâme universel de tous les bons citoyens!

Il faut donc le reconnaître dans l'accusation actuelle : le droit comme le fait du Roi, sont restés tout-à-fait en dehors de la discussion. Le Roi a eu le droit incontestable de choisir et de nommer ses ministres : leur nomination est valable; on doit obéir à chacun dans l'ordre de ses attributions; on sera fidèle : les constitutionnels auront aussi leur *quand même!*..... Voilà le devoir accompli. (Marques d'assentiment.)

Mais approuver les qualités des personnes, mais y

---

* Cette déclaration exclut les cardinaux des conseils du Roi, à cause de leur intimité avec Rome.

prendre confiance immédiatement, mais s'y complaire, mais n'oser interroger leurs antécédens, les discuter, sonder leurs voies ; ne point s'alarmer sur l'avenir par la considération du passé : ce serait manquer à toute prévoyance humaine et méconnaître tout ce que la politique exige de précaution, tout ce que le patriotisme impose de sollicitude et de vigilance aux hommes du pays.

C'est-là précisément ce qui répond à l'une des objections que l'on a faites avec le plus d'insistance : « Atten-
» dez les actes des ministres ; ils n'avaient encore rien
» fait que déjà vous étiez déchaînés contre eux ! Vous
» parlez de coups d'Etat : où sont-ils ces coups d'Etat ?
» Attendez donc qu'ils en aient fait ou tenté quelqu'un
» pour vous plaindre ; alors, vous aurez raison... »

C'est-à-dire, attendez qu'il ne soit plus temps. Nous faudrait-il donc, en effet, attendre qu'une voie de fait ayant détruit, à l'improviste, les lois de l'Etat, il fallût une voie de fait contraire pour les rétablir ? Ne vaut-il pas mieux cent fois prévenir un tel mal que d'y chercher je ne sais quel remède, après qu'il serait arrivé ? Et n'appliquerons-nous pas à la conservation du premier des intérêts publics, celui de l'ordre social, cette maxime que les jurisconsultes ont établie pour la défense des intérêts privés : *Melius est intactam causam servare, quàm post vulneratam remedium quærere?* (Nouveau mouvement.)

Est-il donc vrai qu'on n'ait pas eu de justes motifs de s'alarmer ? On l'aurait pu déjà par la seule considération des personnes, que je veux bien toutefois laisser reposer en cet instant..... ; mais d'autres faits ne sont-ils pas venus immédiatement à l'appui ?

En voyant quels vœux avaient appelé ce ministère, quelles acclamations l'ont accueilli, quelles espérances certains écrits, quelques journaux, se sont hâtés de fonder sur son avènement au pouvoir, n'a-t-on pas pu dire avec le chancelier de l'Hôpital, dans un temps où les plus sinistres prédictions ne purent cependant détourner les plus grands malheurs : « Es lieux qui sont » près de la mer, aussitôt que l'on voit le signe de feu » ou de fumée, chacun court afin de chasser l'ennemi » étranger. Nous devrions être plus soigneux à chasser » le domestique et familier. — Les bêtes brutes sentent » venir l'orage et cherchent les cachettes ; ne trouvons » pas mauvais si les hommes le prévoyant se munissent » à l'encontre. *Nos menaces ont été messagères de nos* » *complots*, ainsi que l'éclair du tonnerre : nous leur » avons *fait voir nos apprêts ;* cessons donc de nous » ébahir s'ils ont un pied en l'air et l'œil en la cam- » pagne. »

Le véridique chancelier ajouta encore que les esprits étaient *indisposés contre le Roi* et ses principaux ministres, la plupart se montrant *peu satisfaits du présent et alarmés de l'avenir....*

Ils n'ont pas fait de coups d'Etat ! Mais leurs amis ne leur en ont-ils pas demandé ?

Faut-il rappeler cet article de la plus fougueuse déraison, que le *Journal des Débats* s'est empressé de combattre et de réfuter : « *De plus longs ménagemens* » *paraîtraient, aux yeux des amis comme des enne-* » *mis, des symptômes de faiblesse et des signes de lâ-* » *cheté.* Les faibles et les lâches ne réussissent pas en » France. *Le crise est prochaine, inévitable : elle doit* » *être courte et salutaire.* (*Salutaire*, vous l'entendez, » en vous rappelant à quel autre mot celui-ci servait » d'adjectif). Les journaux jacobins affectent de répéter » que le ministère veut l'éviter par la fuite, ils mentent » à leurs partisans et à eux-mêmes. *Les ministres sont* » *prêts et déterminés, d'autant plus calmes qu'ils sont*

» *plus résolus;* ils accueilleront encore ceux qui vien-
» dront à eux; ils n'iront au-devant de personne. *La*
» *question de majorité n'est plus, pour eux, qu'un de*
» *ces thèmes insignifians.* Les ministres disent hau-
» tement, et nous nous plaisons à le répéter, que, s'ils
» ont la majorité, ils sauveront le trône avec elle; et
» *que, s'ils ne l'ont pas, ils la sauveront sans elle.*
» Sûrs de l'appui du Roi et de l'assistance des roya-
» listes, qui n'attendent *qu'un signal*, les ministres
» trouveront, dans la Charte même, les moyens de l'ar-
» racher aux mains des factieux. »

» *Eh! quelle est donc cette prétendue majorité déli-*
» *bérante* qui prétend non seulement traiter de puis-
» sance à puissance avec le trône, mais dicter d'insolen-
» tes conditions à la loi vivante, source de toutes les
» lois, à la royauté?..... Ils osent se dire les représen-
» tans et les organes de la nation! La France ne recon-
» naît que le Roi pour son immortel représentant. La
» parole du Roi est l'expression des sentimens, des
» vœux, des besoins et des intérêts de son peuple. *La*
» *majorité, c'est le Roi.* »

Dira-t-on que cet article furibond et d'autres sembla-
bles n'ont pas obtenu l'assentiment des chefs du parti? Je
réponds qu'ils n'en sont pas moins entrés, comme élé-
ment, dans les craintes de l'opinion publique, d'autant
mieux qu'ils sont restés impunis, tandis que les réqui-
sitoires ont éclaté de toutes parts contre les journaux
constitutionnels qui ont défendu contre eux la Charte et
nos institutions. (Sensation.)

J'ajoute que des écrivains, non pas de ceux que l'on
peut regarder comme les enfans perdus du parti; mais
des hommes graves, constitués en dignité, payés par le
budget de l'Etat, spécialement chargés d'appliquer les
lois, et de rappeler les citoyens à leur exécution,

n'ont pas craint de provoquer leur abolitition, de conseiller ouvertement de les fouler aux pieds, de les changer par ordonnance, sans le concours des Chambres, et ont osé dire au Roi de France de quitter la main de justice pour tirer l'épée des combats, et contre qui, grand Dieu! Contre ses paisibles sujets!..... Ne nous étonnons pas que l'auteur * ait pris pour épigraphe d'un tel livre : *Arma amens capio !* et soyons encore moins surpris qu'on lui ait répondu par le reste du vers, *nec sat rationis in armis*. Il appelle cela *achever* la Charte, sans doute comme on achève un blessé (Mouvement).

Mais encore qui l'a réfuté? Sont-ce les journaux du ministère? Non, Messieurs. Non seulement ces journaux n'ont ni désavoué, ni combattu ces funestes projets ; mais en louant l'auteur, en le revendiquant de leur bord, ils ont déclaré hautement approuver ses doctrines, et n'ont contesté à ses desseins que *l'opportunité* dans le moment à choisir pour leur exécution! C'est alors qu'on a vu reparaître les doctrines si souvent funestes aux trônes, de *pouvoir divin* qui n'appartient qu'à la divinité; de *pouvoir constituant*, qui n'appartient plus à un seul dans un pouvoir déjà légalement constitué; et cette nouvelle doctrine non moins étrange glissée dans une *nouvelle confession d'Augsbourg*, d'une majorité de deux des grands pouvoirs de l'Etat contre le troisième, c'est-à-dire, du Roi et de la Chambre des Pairs, contre la Chambre des Députés, sauf à en former une autre du Roi et de la Chambre des Députés contre celle des Pairs, sans penser à la troisième combinaison, car tout est possible dans un pareil système!

* M. Cottu, Conseiller à la Cour royale.

Et si l'on touche à une seule pierre de l'édifice, tout peut s'écrouler ! Enfin, ils en appellent à la dictature, qui est la mort de toute monarchie légitime et tempérée, puisqu'elle met la force à la place du droit, et la puissance des baïonnettes au-dessus de la sainte autorité des lois. (Mouvement général d'assentiment.)

Ce n'est qu'après plusieurs mois de silence au dehors, lorsque tout faisait soupçonner des combats intérieurs et des délibérations au-dedans, qu'a paru enfin un *article du Moniteur*, et quel article ! dans quel style pour des hommes d'Etat qui voulaient rassurer l'opinion constitutionnelle du pays ! Une diatribe violente contre la presse, éternel objet d'attaque, précisément parce qu'elle est la vie de notre forme actuelle de gouvernement !

Supposons toutefois qu'on ait mal jugé les ministres, qu'on ait trop cédé contre eux à la prévention ; toujours est-il qu'on n'a jugé qu'eux, qu'on ne s'est attaqué qu'à eux. Il y aura eu, je le veux, exagération, injure, ou même calomnie ; en ce cas, qu'ils se plaignent en leur nom ; mais qu'ils ne se retranchent pas derrière le nom et la personne du Roi, quand leur premier devoir est de se jeter au-devant.

En attendant, et cela suffit, il est évident que dans tout ce qu'on a pu dire contre eux personnellement, et contre leurs intentions vraies ou supposées, on ne saurait voir une attaque contre la dignité royale et l'autorité constitutionnelle du Roi. Son droit royal n'en a point souffert, sa haute liberté n'en a point été affectée : seulement il a été averti, il a pu s'aviser.... reconnaître le piége où sans cela de *perfides conseils* auraient pu l'entraîner... Certes, ce n'est pas quand on a vu les quarante années qui viennent de s'écouler que les gouvernans peuvent se croire dispensés d'étudier *l'opinion pu-*

blique, et quelquefois de s'y accommoder, plutôt que de se complaire dans une quiétude où l'on craigne d'être troublé par les accens de la vérité. La vérité est amie des Rois ! Charles X est digne de l'entendre ; elle lui dira que parmi ses sujets, ceux qui l'ont suivi deux fois en exil n'ont pas été le moins alarmés du train que prenaient nos affaires. Car enfin à quoi bon s'abuser, et pourquoi ne pas dire cette vérité tout entière, quand les faits sont là pour nous attester que si la légitimité comporte toujours avec elle l'existence du droit, en fait cependant, elle ne suffit pas pour mettre une dynastie à l'abri des coups du sort ? (Sensation prolongée.)

N'est-ce pas chose étrange ! entre deux sortes d'écrivains, les uns qui ont conseillé au Roi de renverser la constitution de l'Etat, et ceux qui ont soutenu que le Roi devait la *maintenir*, comme il y était obligé ; de voir que ceux-ci seuls seraient poursuivis et traités en ennemis de la royauté, tandis que ceux-là passent pour en être les défenseurs ?

Qu'il me soit permis d'invoquer une analogie. Le respect dû aux ministres n'est certes pas plus grand que celui auquel a droit la Chambre des Députés ; car elle leur est supérieure, ayant droit de les accuser. Ce n'est donc pas trop risquer que d'affirmer que la presse peut dire des ministres tout ce qu'elle peut dire de la Chambre des Députés ; et j'ajouterai, pour appuyer cette analogie, que le même article de loi qui punit *toute attaque contre la dignité royale et l'autorité constitutionnelle du Roi*, punit aussi, et des mêmes peines, *toute attaque contre les droits et l'autorité des Chambres ?*

Eh bien ! que voyons-nous à l'égard de la Chambre des Députés depuis 1814, et surtout depuis ces dernières années ?

Dès qu'il y a élections, le combat s'établit à la fois sur les électeurs et sur les éligibles.

Après l'élection, chaque parti fait l'éloge ou la critique des élus, chacun les revendique ou les déprécie.

Sont-ils réunis en session, on s'associe à leurs discussions, on les devance, on les presse, on les gourmande sur leurs discours et sur leurs votes; on remarque s'ils sont assidus, on cote leurs absences; tout, à commencer par la place qu'ils occupent, est l'objet de la censure et de l'examen; et l'on exerce ainsi à leur égard, il faut bien le dire, au nom de la liberté, un peu de tyrannie. (Sourire d'approbation.)

L'écrivain qui n'est pas content de la Chambre provoque de son autorité privée et sollicite hardiment sa *dissolution*, qui est cependant comme la nomination ou le *renvoi* des ministres dans la haute prérogative de la couronne. Chacun prend fait et cause pour ou contre sur cette question, et en balance les avantages et les inconvéniens, suivant les chances probables et présumées des nouvelles élections.

Dira-t-on qu'on attend *les actes* de la Chambre pour les critiquer et se prononcer ainsi contre la Chambre elle-même? Je réponds en rappelant ce qui se passe depuis quelques mois. Les uns espèrent beaucoup de la Chambre; d'autres en augurent moins favorablement; quelques uns la menacent et la calomnient, non en raison de ce qu'elle a fait, mais en se livrant à des hypothèses sur ce qu'ils pensent qu'elle pourra faire.

Ainsi *la Gazette de France* du 18 de ce mois, il y a seulement six jours, discutait-elle des *actes* de la Chambre, lorsque, se livrant par avance à d'injurieuses suppositions, elle disait:

« *Supposons* qu'il vînt une *adresse offensante* pour le

» bon Roi qui chérit ses sujets, comme un père chérit
» ses enfans ; qu'il y eût *violation de la Charte* par le
» refus du budget ; qu'il y eût *violation du sens commun*
» par les électeurs qui enverraient des révolutionnaires
» à la Chambre des Députés. Quand toutes ces mauvaises
» actions auraient été commises, etc. » C'est alors qu'on
en appelle à la dictature et au pouvoir absolu.

Et de quel droit, dirai-je à mon tour, allez-vous supposer que la Chambre voudra offenser *le Roi ?* De quel droit supposez-vous qu'elle voudra *violer la Charte ?* De quel droit surtout placez-vous cette prétendue violation dans le refus du budget, c'est-à-dire pour le proclamer en passant, dans l'exercice d'un droit constitutionnel qui, sans doute, comme tous les droits, veut être exercé à propos et avec discrétion pour obtenir l'assentiment public ; mais enfin d'un droit que vous devez respecter ; car les droits de la Chambre sont aussi placés sous la garantie de la loi ?

Si tout cela, cependant, n'a pas été poursuivi, c'est sans doute que tout cela était innocent contre les Députés et contre la Chambre. Eh bien ! n'a-t-on pas des droits pareils ou analogues en ce qui concerne la personne et la conduite des ministres ?

Et d'abord, pour ne parler que des faits tels qu'ils se passent habituellement sous nos yeux, long-temps avant leur retraite, ne parle-t-on pas de la convenance ou de l'utilité de leur *renvoi ?*

Chacun ne donne-t-il pas, selon son idée, la *liste* de ses candidats, ouvrant ou fermant à chacun, selon ses opinions, l'entrée du conseil ?

Chaque parti n'annonce-t-il pas que tout est perdu si un tel se retire, ou si tel autre arrive ?

A peine arrivés, en effet, ne voit-on pas la biographie, la silhouette et l'horoscope de chacun ?

Avant les actes, n'est-ce pas d'abord les personnes dont on s'occupe; et à leur occasion, ne recherche-t-on pas tout ce qui tient à leur origine, à leur moralité, à leurs opinions, à leur religion politique, leurs relations, leur parti?

Tout cela est permis, parce que rien de tout cela n'atteint la royauté. Tout se passe au-dessous d'elle. Avertie de toutes parts, elle compare, elle juge; elle attend ou se presse à son gré. Son droit n'est ni contesté, ni combattu, ni mis en doute; le Roi reste libre de faire ou de défaire ses ministres à volonté, comme ses sujets restent libres de dire de ceux-ci ce qui leur plaît. L'obéissance continue, la fidélité demeure la même.

Ne voyons donc au fond de ce procès que le dépit des ministres seuls qui, sous couleur de venger la personne du Roi soi-disant offensée, la dignité royale méconnue, la prérogative menacée, n'ont réellement voulu venger que leur propre injure, intimider la presse constitutionnelle, et créer le silence qui seul pourrait leur sembler la paix.

De là ce débordement simultané de tant d'accusations contre la presse périodique de Paris et des départemens; et ces déclamations outrées dont elle est incessamment l'objet de la part d'un parti qui n'est jamais arrivé au pouvoir sans réclamer la censure et les lois d'exception : et qui, même aujourd'hui, demande par ses journaux qu'on sévisse contre les écrivains; qu'on leur fasse la *justice convenable du moment*, et ce que *la Quotidienne* appelle *le remède héroïque de la circonstance*.

Honneur cependant à la presse périodique! Dans ces derniers temps surtout, elle a bien mérité du pays pour lequel elle a veillé pendant l'interrègne parlementaire. (Marques d'adhésion.)

Répétons à sa louange, ce qu'en a déjà dit, il y a

plusieurs années, dans la discussion même de la loi du 17 mai qu'on prétend nous appliquer, un orateur * dont j'invoque aujourd'hui les éloquentes paroles avec d'autant plus de force qu'il est actuellement au ministère comme chef de la justice. Écoutez.

« La liberté de la presse est le mobile du gouverne-
» ment représentatif; elle en est aussi le soutien. Notre
» but est d'affermir cette espèce de gouvernement; il
» faut donc en endurer les inconvéniens pour jouir aussi
» de tous ses avantages.... Espérait-on d'ailleurs obtenir,
» après une révolution et sous la Charte, une déférence
» silencieuse pour le gouvernement et ses actes? Espé-
» rait-on comprimer la presse, quand une opposition
» impuissante ne fit jamais, dans l'ancienne France,
» qu'en aggraver les fâcheux effets?

» L'opinion y régna dès le seizième siècle : les factions
» l'invoquaient, et l'autorité elle-même en briguait l'ap-
» pui contre les factions. Qu'on se rappelle les guerres
» de religion, la Ligue et la Fronde. La satire même fut
» plus puissante contre les ligueurs que le bras vaillant
» de Henri.

» C'est à l'opinion que Louis XIV eut recours en ses
» revers; c'est d'elle qu'il tira ses ressources en 1709 et
» 1710 contre l'arrogance de ses ennemis.

» L'Angleterre fut agitée violemment tant qu'on y
» sévit avec rigueur contre les auteurs et leurs ouvrages.
» Elle cessa de l'être du moment où la pensée prit son
» essor sans avoir à redouter, même pour ses concep-
» tions hardies, les alarmes du gouvernement et la
» serre active de la poursuite.

» En défendant l'impression de tout écrit, sans la

* M. de Courvoisier. Rapport à la Chambre des Députés, séance du 10 avril 1819.

» permission de l'archevêque de Cantorbéry ou de
» l'évêque de Londres , Jacques Ier ne fit qu'aiguiser les
» armes dont le fanatisme fit usage pour abattre le trône
» de son fils......

» Le supplice de Sidney , les arrêts sanglans de
» Jefferyes ont-ils affermi la puissance de Charles II et
» de Jacques II ? Si l'on n'eût comprimé la presse, elle
» eût rappelé sans doute à ces princes, qu'un Roi mûri
» par l'infortune , leur avait légué le sage conseil de
» placer leur force et leur gloire, *non dans la satisfac-*
» *tion de quelques hommes*, mais dans la liberté de
» leurs sujets. »

Voilà de ces excellentes choses que l'on dit avant
d'être ministre, et qu'on n'oublie sûrement point après
qu'on l'est devenu. (Sensation.) Heureux d'emprunter
alors une véritable grandeur, moins encore à sa position
qu'à l'élévation et à la force de son caractère , et d'adon-
ner sa pensée, non à ces frêles avantages qu'on remporte
communément du ministère, mais à la reconnaissance
publique et à la gloire qui suit inévitablement qui-
conque a fidèlement servi son prince et son pays ! toujours prêt à quitter un poste où l'on désespérerait d'être
utile, comme à soutenir toute lutte où l'on peut espérer
de déjouer de mauvais desseins, en y substituant de
généreux conseils , en disant nettement la vérité à un
Roi qui ne demande sans doute qu'à la connaître, car
il veut certainement le bonheur de ses sujets !

C'est alors qu'il convient de lui révéler la situation de
la France, de lui signaler sans détour où est la véritable
opinion publique, le vœu national ; car il faut toujours
qu'un Roi soit avec sa nation, pour qu'elle soit insé-
parablement avec lui.

Et quel heureux tableau que celui d'un peuple obéis-
sant et fidèle, qui ne demande que la paix et ne la

cherche que dans la stabilité de ses institutions ; ne voulant *que ce qu'on lui a fait jurer,* mais le voulant avec constance, avec fermeté, parce qu'il agit avec bonne foi !

La dynastie légitime !

La Charte constitutionnelle !

L'intérêt français !

Avec cette devise inscrite sur le drapeau de France, vous n'aurez à craindre ni les usurpateurs, dont la sinistre image vous poursuit quand c'est vous qui croyez la poursuivre ; ni les séditieux, car vous leur aurez ôté tout prétexte ; ni les étrangers, car ils vous sauront unis !.....

Qui voudra bien tout cela, sincèrement et sans arrière-pensée, saura bien le dire, saura bien se faire entendre, sans équivoque et sans que nul puisse en douter.

Alors on ne demandera plus, où est la majorité ? on ne parlera plus de la former de deux contre trois, en divisant et en opposant entre eux les grands corps de l'Etat ; cette majorité sera partout ; et la minorité, si elle s'obstine encore à ne rien oublier, comme à ne rien apprendre, restera telle qu'elle est en réalité, imperceptible, parce que destituée de l'appui qu'elle affecte de se donner, elle apparaîtra nettement en dehors de tous les intérêts, et j'ose le dire, en dehors de l'honneur français.

Tels seront, n'en doutons pas, Messieurs, les fruits de cette franchise que les Français appellent de tous leurs vœux. Elle est dans le cœur du Prince ! Qu'elle éclate aussi dans les actes et dans les discours de ceux qui agissent ou qui parlent en son nom. Alors toutes les mauvaises pensées s'évanouiront comme un mauvais songe ; à des jours de tristesse et d'anxiété, succéderont des jours de bonheur et d'allégresse ! Alors sortiront du fond des cœurs des sentimens qui sommeillent, mais qui n'ont jamais cessé d'y résider ; et nous verrons les dernières années d'un règne, que Dieu veuille prolonger ! honorées des mêmes acclamations qui ont accueilli son avènement.

(Ce plaidoyer est suivi de marques unanimes et très-vives d'approbation.)

M. Bérard-d'Esglajeux , avocat - général , prend la parole ; mais à peine son exorde est commencé , que sa voix est couverte par un bruit continuel. Ce tumulte est produit par des spectateurs placés dans la salle , et dont les uns veulent entrer , tandis que les autres veulent sortir.

M. le premier président : Huissiers , allez à l'entrée de l'auditoire , et faites faire silence. Il y a des *citoyens* qui ont leur chapeau sur la tête , faites-le leur ôter.

Le bruit continue ; M. le premier président déclare que l'audience est suspendue pendant cinq minutes , et il donne l'ordre aux huissiers de prendre les soins nécessaires pour rétablir le calme.

Au bout de huit ou dix minutes , l'espèce de lutte qui s'était engagée entre quelques-uns des spectateurs est tout-à-fait calmée par la sortie de ceux qu'avait fatigués une si longue séance : les magistrats reprennent leurs places.

M. Bérard-d'Esglajeux prononce ainsi son discours : Au milieu de tout ce que le temps emporte et de ce qui passe avec les hommes, il est des principes qui restent immuables dans la société. Ainsi, au-dessus de tous les changemens et de toutes les passions, s'élève la dignité royale avec tout ce qu'elle offre à nos regards, d'antique et de vénérable, tout ce qu'elle présente à notre amour de bienfaisant et de sage, tout ce qu'elle assure à nos institutions de force et de garantie. Pour la protection qu'elle en reçoit, la société lui rend obéissance et hommage ; elle la place dans un sanctuaire inviolable, d'où elle ne se rend visible que par le bien qu'elle répand. Cependant, c'est jusque dans ce sanctuaire qu'un journal qui sut long-temps, et avec courage, en défendre les droits, a osé porter ses attaques contre elle ; c'est de cet asile qu'il l'a tirée pour la livrer à l'outrage ; c'est sous l'inspiration de sa colère qu'il a imprimé des lignes sous lesquelles sa plume aurait dû se briser mille fois.

Et vous, Messieurs, qui êtes appelés à les juger, c'est surtout dans les causes de cette nature que viennent expirer aux pieds de votre justice toutes les émotions qui naissent avec les circonstances, et qui meurent avec elles ; vous considérez le présent du même regard qu'on envisage le passé, comme un temps déjà éloigné et dont les impressions ne viennent pas jusqu'à vous. Dans le sanctuaire de la justice et en présence de la loi, votre sagesse ne se demande pas quel est l'auteur ; elle examine le délit et juge les intérêts de la société.

Ses intérêts, on en est convenu, n'ont rien de plus précieux et de plus cher que la dignité du Roi et les droits qui relèvent de son autorité. Les affaiblir dans l'esprit du peuple, c'est blesser au cœur la société elle-même, c'est l'attaquer dans le centre d'où se répand la vie. Et quel serait donc, parmi les hommes, l'objet réservé au respect, si cette première majesté de la terre n'en était pas environnée, si le pouvoir souverain, où viennent se confondre la puissance qui arme les peuples et celle qui les pacifie, la sagesse qui prépare les lois, et la force qui les exécute, la justice et la clémence qui en arrêtent le cours, si tant de nobles prérogatives pouvaient tomber dans le domaine de l'attaque? Tout serait dès-lors ébranlé, et, ce premier anneau rompu, il ne resterait plus de lien pour cette longue chaîne de devoirs qui unissent le peuple au Prince et les familles à l'Etat.

Une voix royale, doublement consacrée par la vertu et le malheur, a laissé parmi tant de leçons sublimes cette grande et utile instruction : « Qu'un Roi ne peut » faire le bonheur des peuples qu'en régnant suivant » les lois ; mais, en même temps, qu'il ne peut les faire » respecter, et faire le bien qui est dans son cœur, » qu'autant qu'il a l'autorité nécessaire. » C'est cette autorité, réglée suivant les lois, qu'il importe, dans l'intérêt de tous, de défendre et de maintenir. Son indépendance, dans tout ce qui n'appartient qu'à elle, ne peut être restreinte, et le choix des dépositaires de son pouvoir est sans doute un de ses droits les plus libres et le plus incontestables.

Ici, vous le sentez, ce ne sont pas les hommes que nous venons défendre ; ce ne sont pas des questions de personnes que nous venons soulever. Elles restent étrangères à cette enceinte ; tout se tait, à cet égard, autour de votre justice ; mais c'est à l'acte de l'autorité souveraine que nous venons rendre l'hommage et les respects qui lui sont dus ; c'est là le devoir que notre ministère vient remplir, et dont nous serions coupables envers la société si nous laissions sa défense dépérir dans nos mains.

Et ici, pour que notre pensée soit tout d'abord bien comprise, nous reconnaissons la libre discussion des actes qui constituent l'exercice du pouvoir confié par le Roi aux hommes qu'il lui a plu de choisir ; nous reconnaissons le droit d'en signaler les erreurs, d'éveiller

la sollicitude du Monarque sur des abus qui peuven
échapper à ses regards, et quelque amères que soien
les censures, quelque violentes qu'en soient les expres·
sions, nous nous arrêtons avec la loi devant l'utilité
qu'elles peuvent avoir si elles sont fondées, devant la
punition qu'elles reçoivent si elles sont injustes, par le
dégoût qu'elles soulèvent, et le mépris qu'elles ins-
pirent.

Voilà ce que réclament une juste liberté et les besoins
dont elle peut se rendre l'interprète; au-delà la critique
n'est plus que la licence; et si s'attaquant à ce pouvoir
lui-même, qui n'a ni juge ni maître sur la terre, elle le
fait descendre, autant qu'il est en elle, dans l'arène où
s'agitent les passions, si elle les soulève contre lui, elle
devient le délit que la loi a dû prévoir, et que votre
justice est appelée à punir.

Or, dans l'article qui vous est déféré, Messieurs,
est-ce le sage et libre exercice de la pensée qui a dirigé
la censure? Est-ce à des actes qui tombent dans son domaine qu'elle s'est adressée? Est-ce un usage quelconque
du pouvoir qui leur était confié, qu'on a voulu repro-
cher aux ministres? Mais, à peine ce pouvoir venait de
leur être remis, le journal qui contient l'article est le
même qui renferme l'ordonnance qui les nomme. C'est
donc jusqu'à la *pensée royale* qu'il faut nécessairement
faire remonter l'outrage; elle se présente encore seule,
isolée; rien là qui n'émane d'elle, et aucun acte qui
puisse lui être contesté, si ce n'est la manifestation de
sa prérogative. Aussi c'est dans ce qu'il y a de plus intime entre le Monarque et le peuple que l'auteur de l'article transporte la suite de sa pensée; c'est le lien
d'amour et de confiance qui les unit, qu'il ose montrer
comme rompu; et par quelle autre cause que par l'exercice du pouvoir et de la volonté du Roi? Car ici tout se

suit ; et c'est après les ordonnances mêmes qui mani-
festent cette volonté, et qu'il fallait recevoir au moins
comme la monnaie qui porte *l'effigie de César*, que l'article commence par ces mots : « Ainsi, le voilà encore
» une fois brisé, ce lien d'amour et de confiance qui
» unissait le peuple au Monarque. »

M. l'avocat-général parcourt successivement chacun
des paragraphes incriminés, et oppose aux sinistres prédictions qui les terminent l'amour des Français pour les
héritiers du bon Henri, la joie que vient de manifester
la population de nos provinces sur le passage d'une jeune
princesse et d'un Roi, allié de notre auguste Monarque.
Ces princes aussi peuvent dire combien la famille des
Bourbons est aimée.

Enfin il relève les deux phrases de l'article incriminé,
l'une où il est dit, en parlant de l'emploi des soldats
contre le peuple, qu'*aujourd'hui les baïonnettes sont
intelligentes;* et l'autre, où à propos de *taxes illégales*,
on rappelle la résistance de Hampden.

Le ministère public conclut à l'application des peines
prononcées par les lois des 17 mai 1819 et 25 mars 1822.

M⁰ Dupin aîné réplique sur-le-champ :

Messieurs,

Sans doute vous vous attaquez au délit et non pas
à la personne, et si le délit était constant, ce n'est pas
la faveur de la personne qui devrait la sauver de l'application de la loi. Ce n'est point un privilége que je ré-
clame pour nous ; mais dans un délit on considère surtout l'intention, et quand il s'agit d'un délit de la
presse, c'est la pensée de l'écrivain qu'il faut envisager.

Certes, pour vous comme pour tout homme intelligent et impartial, l'intention peut-elle être plus clairement manifestée que par la vie entière d'un homme parvenu à l'âge de 63 ans ? C'est là , sans doute , une première et sûre garantie que s'il a été fidèle et dévoué à son Prince , pendant toute la durée de sa carrière, il n'est pas devenu infidèle et offensif dans une circonstance où il a cru le servir.

Pour moi je le déclare, en défendant le *Journal des Débats*, je n'ai pas cru défendre une personne, mais une chose ; je n'ai pas vu un intérêt privé, mais un intérêt général ; je ne demande pas faveur, mais justice.

M. l'avocat-général impute au *Journal des Débats* d'avoir voulu remonter jusqu'à la *pensée royale !* Mais , selon moi, son rédacteur a remonté encore au-delà, puisqu'il s'est attaqué uniquement aux *perfides conseils* qui ont pu égarer cette volonté par de fausses impressions.

On a rappelé que les Bourbons étaient dignes d'amour , et l'on a cité Henri IV ; mais Henri IV cependant eut les ligueurs à combattre, et n'a-t-on pas dit de lui :

Il fut de ses sujets le vainqueur et le père?

Lui aussi a donné une Charte, la Charte de Nantes. Il y a été fidèle ; et ce fut une calamité, plus tard, lorsque, par suite de faux conseils, cette Charte a été retirée. (Sensation.) Il en est résulté une source d'oppressions, d'injustices, de ruine et d'appauvrissement dans l'Etat.

Henri IV revenait aussi avec des compagnons d'exil , dont les pourpoints étaient déchirés. Henri IV a senti, comme le disait M. Courvoisier, dans l'excellent discours que j'ai cité, qu'il ne devait pas régner pour la satisfaction de quelques-uns, mais pour la liberté de tous ses sujets. C'est alors que remonté sur le trône de ses pères, il ne s'est plus occupé que du bonheur de la France. Sous son règne on n'envoyait plus de *notes secrètes* (mouvement dans l'auditoire), parce qu'il avait dit à l'étranger : *Adieu, Messieurs, mais n'y revenez plus* (on rit). Il s'est fait le Roi de la majorité. C'est alors qu'à la tête de toutes les forces nationales, il se préparait à ravaler l'orgueil de la Maison d'Autriche ; et s'il avait pu, dans un temps de détresse, se servir d'Elisabeth d'Angleterre, lorsqu'il avait encore besoin de ses secours, il n'aurait pas sollicité auprès de cette reine des instructions pour la conduite de ses affaires intérieures. (Vif mouvement d'approbation.)

On a prétendu que l'ordonnance du Roi portant nomination des nouveaux ministres était comme une pièce de monnaie qui porte le nom et les armes du prince ? L'analogie n'est pas complète. Et d'ailleurs, quand on reçoit une pièce qui présente le nom de César, on la retourne encore pour voir si elle a toutes les qualités requises ; on n'est pas destitué du droit d'observation. (Marques universelles d'assentiment.)

On a parlé (et véritablement je croyais que cela n'aurait pas dû entrer dans la discussion), on a parlé d'un voyage récent fait par une auguste princesse. On a dit que cette princesse et ses parens, alliés de notre Roi, peuvent rendre bon témoignage des sentimens de tous les Français. Oui, Messieurs, la mère du duc de Bordeaux a été partout accueillie comme elle devait l'être par les Français, pour lesquels ce jeune prince est un objet d'espérance. Il n'aura pas vu l'ancien régime et l'émigration ! il sera de son siècle ! il apprendra que les Français, qui aiment leurs princes, aiment aussi la liberté ! que c'est un peuple fier et libre qu'il est appelé à gouverner. Sa mère a pu s'en convaincre par les acclamations qui ont retenti autour d'elle ; et c'est ainsi que ce voyage peut faire partie de l'éducation du duc de Bordeaux. (Marques nouvelles d'assentiment.)

Quant à la maison de Naples, elle traversait la France, il était juste qu'elle reçût le tribut de nos respects. Quand des têtes couronnées traversent notre territoire, chaque Français, comme un maître de maison, veut faire les honneurs de son pays. Une heureuse sympathie a dû se déclarer en voyant cette jeune et belle princesse se diriger vers un pays désolé par les factions. La France ne veut pas seulement le bonheur pour elle, elle le souhaite aussi à ses voisins. Que la clémence aille s'asseoir sur le trône avec la nouvelle reine d'Espagne : tels sont les vœux qui l'ont accompagnée jusqu'à nos frontières.

La fin de l'article est relatif à des actes illégaux ; on n'en avait point parlé en première instance, et je m'étonne qu'on m'ait appelé sur ce terrain.

La défense est facile, c'est celle des principes et de la loi.

Et d'abord, quant aux *taxes illégales*, oui, je le déclare, elles ne devraient pas être payées. Et, pour mon compte, si on me les demandait, je refuserais de les payer. Saisi dans mes meubles, c'est aux tribunaux, c'est à vous, Messieurs, que je viendrais, comme en cet instant, demander justice et protection, et la Cour ne m'enverrait point en exil ou en prison, parce que j'aurais refusé de payer ce qu'on n'avait pas droit d'exiger ! Tout, en effet, se réduirait à une question de propriété ; car l'Etat n'a droit de me demander que ce que la loi lui donne ; le reste est à moi. Ainsi, point de loi, point d'impôt. (Bravo ! bravo ! dans l'auditoire.)

Quant à ces mots, *baïonnettes intelligentes*, il n'y a là rien à blâmer : oui, nos soldats actuels connaissent les lois; ce ne sont plus des *reitres*, ce ne sont plus des hommes d'emprunt qui composent les armées; ce sont des hommes fidèles au Roi, et fidèles observateurs des lois de leur pays ; soldats aujourd'hui , ils seront demain citoyens; à quoi leur servirait de voir augmenter leurs *retraites*, si c'était au prix du sacrifice de tous leurs droits ; et si, rentrés dans le foyer domestique, on pouvait leur prendre, par des taxes illégales, plus qu'on ne leur aurait donné? Voilà tout ce que l'auteur de l'article a voulu dire ; il a dit que les Français n'étaient point, ne pouvaient pas être, sous le régime de la Charte, un peuple d'esclaves.

Messieurs, ne faisons point de prétoriens : aujourd'hui pour le Roi contre les lois, plus tard ils pourraient être pour un usurpateur contre le Roi lui-même. Tenons-nous au principe. L'armée n'est instituée au dehors que pour la défense du territoire, au dedans que pour assurer force à la justice et force à la loi. Il faut employer les braves *à choses faisables ;* et l'on préférera toujours un Crillon à Tavannes, un vicomte d'Orthez à ceux qui ne craignirent pas de se faire bourreaux de leurs concitoyens. C'est un mauvais jeu que d'employer des soldats à faire des coups d'Etat : les coups d'Etat, qui sont les *séditions du pouvoir,* ne lui réussissent pas mieux contre les lois, que les séditions du peuple contre la royauté. Qu'on en soit bien convaincu : il n'est pour les Rois comme pour les sujets qu'un seul moyen de vivre en paix : c'est de respecter les droits de chacun. Loi et justice pour tous.

Jamais, Messieurs, je n'eus plus de confiance dans votre arrêt. (Mouvement très-vif d'approbation et applaudissemens.)

M. Bertin aîné prend la parole , et dit :

Messieurs ,

Après avoir entendu l'habile défenseur qui a bien voulu se charger de vous démontrer que , dans l'article incriminé , il n'y a point d'offense à la dignité , à l'autorité constitutionnelle du Roi , vous n'attendez sûrement pas de moi que, sur la question qui m'amène devant vous , j'ajoute rien à une défense aussi complète ; mais je crois devoir faire suivre cette défense de quelques mots sur ma position personnelle.

Depuis trente-six ans que j'exerce une profession honorable , mais hérissée de difficultés et pleine de périls , je puis me rendre ce témoignage, que , dans les journaux dont j'ai été propriétaire et rédacteur en chef, jamais la majesté royale n'a été outragée , jamais je n'ai écrit ou laissé écrire (toutes les fois que j'ai été libre) une ligne, laquelle n'eût pour but la défense des principes qui pouvaient seuls , selon moi , rendre au souverain légitime son royaume usurpé, à la France ses libertés perdues. Me suis-je trompé dans l'expression de ces principes ? Je ne le crois pas : ma conscience serait là pour démentir l'erreur de mon langage.

Sans remonter, Messieurs, à des temps que déjà peu d'hommes ont vus, pour ne parler que du *Journal des Débats*, fondé par mon frère et par moi il y a trente ans , ceux qui m'entendent ici savent si je dis la vérité : les ennemis du Roi m'ont d'avance et depuis longues années, rendu cette justice : témoin les saisies, les fuites obligées , les exils , la prison, les déportations prononcées tant de fois contre moi , et par la République et par l'Empire, comme partisan reconnu et déclaré de la Maison de Bourbon.

À Dieu ne plaise que je parle de ces choses pour me vanter! Je n'ai fait que mon devoir en m'exposant aux dangers attachés à mon opinion : tant de Français ont souffert (et parmi ces Français que d'illustres victimes!), tant de Français ont rendu de plus importans services que les miens, qu'il me siérait mal, à moi citoyen obscur, de me faire un droit de quelques sacrifices; mais forcé de repousser une imputation que j'ai peut être le droit de trouver étrange, j'ai voulu seulement rappeler à mes juges que je ne suis point un ennemi du trône, et que ma vie passée doit entrer en considération dans les arrêts que l'on peut porter sur ma vie présente.

La Restauration me trouva, ainsi que mes associés, dépouillé de ma propriété du *Journal des Débats*. Les termes même de l'acte de spoliation pourraient me servir de certificat de fidélité au Roi. Le 30 mars 1814, je me ressaisis, avec mon frère, de notre propriété; au nom même de ce Roi qui avait été le motif avoué de notre spoliation.

Vous savez, Messieurs, comment la cause de la légitimité fut défendue dans le *Journal des Débats* jusqu'au 20 mars 1815, et particulièrement dans l'article même du 20 mars. Obligé, par suite de cet article (qui fut arrêté à la poste, mais distribué dans Paris), obligé de fuir encore une fois, je me retirai à Bruxelles, d'où je fus bientôt appelé à Gand, pour rédiger le Journal officiel du Roi : c'est le plus grand honneur et la plus noble récompense que j'aie pu recevoir. Là, sous les yeux même du Roi, je continuai à combattre pour ces principes constitutionnels que la Charte royale avait proclamés, et que la dynastie légitime pouvait seule nous garantir. Louis XVIII approuvait ces articles, qu'un zèle trop ardent calomnierait peut-être aujourd'hui. La liberté s'était arrêtée, avec la légitimité, à quelques pas de la France : elle en rouvrit les portes à l'immortel auteur de la Charte.

De retour dans ma patrie, je repris la rédaction du journal que j'avais fondé : je n'ai cessé depuis de défendre les vrais intérêts de la royauté, qui ne me paraissent pas désormais avoir d'appuis plus solides que ceux des institutions octroyées par le monarque législateur.

Alarmé pour ces grands intérêts à la formation du ministère actuel, peu accoutumé à cacher mon opinion, surtout quand il y va de la monarchie, je chargeai un de mes collaborateurs d'exprimer sa douleur et la mienne. Après avoir fait à son article les changemens, les corrections qui me parurent nécessaires, je le publiai. Je demeure convaincu que mes équitables juges, qui ont entendu mon éloquent et savant défenseur, n'y trouvent pas le délit dont l'affligeante supposition m'amène au pied de leur tribunal. Le sentiment même de cet article, s'il est vivement exprimé, est la preuve de ma loyauté comme de mon innocence.

Je ne sais si ceux qui se croient sans doute plus dévoués que moi au petit-fils d'Henri IV, rendent un grand service à la couronne en amenant devant une Cour de justice des cheveux blanchis au service de cette couronne; je ne sais s'il est bien utile que des royalistes qui ont subi les peines de la prison pour la royauté, les subissent encore au nom de cette même royauté; mais enfin, Messieurs, si, par impossible, mon défenseur n'était pas parvenu à vous faire partager sa conviction et la mienne, j'ose me flatter que d'après le peu de mots que je viens d'avoir l'honneur de vous adresser, aucun de vous, aucun de ceux qui m'entendent ne pourra croire qu'arrivé au terme prochain d'une pénible carrière, j'aie sciemment voulu offenser, outrager, insulter celui qui fut toujours l'objet de mon respect, de mon amour, j'allais presque dire de mon culte.

Ce discours a fait la plus vive impression sur tout l'auditoire, et a paru être écouté des magistrats avec bienveillance.

Dès que les magistrats ont quitté le siége, on voit le respectable M. de Montlosier s'approcher de M. Bertin, et lui serrer affectueusement la main : « Mon » cher M. Bertin, lui dit-il, vous venez de me rap- » peler des souvenirs qui m'ont bien vivement ému, la » dernière fois que je vous ai vu, c'était au Temple ; » nous y étions détenus ensemble, vous le savez : *Ad pias causas...* »

Il est deux heures moins un quart. La Cour se retire dans la chambre du conseil. La délibération se prolonge jusqu'à près de cinq heures. Pendant ce long intervalle la foule, loin de se dissiper, paraissait encore s'être accrue ; on attendait avec anxiété une décision si importante pour les libertés publiques.

Enfin, à cinq heures, et lorsque tout l'auditoire était plongé dans une obscurité complète, le retentissement d'une sonnette annonce que la Cour va rentrer pour prononcer son arrêt. Des luminaires sont apportés. M. l'avocat-général est averti ; la Cour reprend séance, et M. le premier président Séguier lit au milieu du plus profond silence l'arret dont voici le texte :

« En ce qui touche la demande en sursis :

» Considérant qu'aux termes de l'article 4 de l'ordonnance du 11 octobre 1820, le roulement doit s'opérer de telle sorte qu'il y ait dans les chambres criminelles moitié au moins de membres qui aient déjà fait cette nature de service, et qu'à cet égard, la condition légale a été remplie ;

» Considérant que par l'art. 3, relatif aux chambres civiles, il n'y a de *changement obligé* dans leur composition que pour les membres qui y auraient été plus de deux ans, et qui le réclameraient, et qu'aucune réclamation n'a eu lieu dans l'assemblée des chambres ;

» En ce qui touche l'appel du procureur du Roi :

» Considérant que les premiers juges, en ne déclarant pas le prévenu coupable du délit d'attaque contre l'autorité constitutionnelle du Roi, ont par le fait implicitement écarté ce chef de prévention ; que l'appel du procureur du Roi ne porte pas sur ce chef, originairement compris dans la citation, et que par conséquent la Cour n'en a pas été saisie ;

» En ce qui touche l'appel de Bertin aîné :

» Considérant que si les expressions de l'article incriminé sont inconvenantes et contraires à la modération qu'on doit apporter dans la discussion des actes du gouvernement, elles ne constituent pas les délits d'offense à la personne du Roi, et d'attaque à la dignité royale ;

» Sans s'arrêter à la demande en sursis, et faisant droit sur les appels respectifs, met les appellations et ce dont est appel au néant, émendant, décharge Bertin aîné des condamnations contre lui prononcées ; au principal, le renvoie de la plainte. »

A peine cet arrêt est-il rendu, que les nombreux spectateurs, contenus jusqu'alors dans un respectueux silence, ne peuvent plus s'empêcher de manifester leur allégresse. Des cris de *vive le Roi !* des applaudissemens et des bravos éclatent à plusieurs reprises.

M. le premier président Séguier annonce que la séance est levée, et que les deux autres affaires (celle du *Fils de l'Homme* et une cause de librairie) sont renvoyées à huitaine.

Les applaudissemens éclatent de nouveau ; toute l'enceinte du Palais-de-Justice et ses avenues retentissent aussitôt de cette heureuse nouvelle.

M. Bertin aîné et son Avocat reçoivent les plus vives félicitations. Me Mérilhou embrasse son confrère, et tous les jeunes Avocats se pressent auprès de ces deux Orateurs constitutionnels, à qui la France doit les deux belles défenses qui viennent d'être couronnées par deux beaux arrêts.